징검다리의 하늘

징검다리의 하늘

초판 1쇄 발행 2023년 8월 14일

지은이 이원문

펴낸이 임병천
펴낸곳 책나무출판사
출판신고 2004년 4월 22일 (제318-00034)

주소 서울시 영등포구 신길3동 325-70 3F
전화 02-338-1228 **팩스** 0505-866-8254
홈페이지 www.booktree.info

ISBN 978-89-6339-703-0 03810

징검다리의 하늘

이원문 시집

책나무출판사

목차

1부

2부

3부

4부

• 1부 •

노을의 사랑

저 노을에 어린 모습
누구의 얼굴일까
그리움도 아니고
미련도 아니다

그저 기다려야 할
인연의 꽃이 아닐까
먼 훗날 그날 위해
갖고 싶은 그 인연의 꽃

가을 소식

빨래터 숲 꾀꼬리 놀던 때가 언제였었나
그 자리에 매미 앉아 가을 문턱 두드리고
뜸북새 울던 논 메뚜기 떼 모여든다

아직은 파란 들녘 황금 들녘이 언제일까
수수목 고개 숙이는 날 달빛에 바람 불면
그때쯤 참새 떼 황금으로 물들일까

조바심의 파란 하늘 뭉게구름 헤쳐놓고
원두막 위 아이들 개울 찾는 아이들
두리번 논길 따라 동네 앞길 달려온다

가을 얼굴

가을 문턱에 스치는 얼굴
그 세월이 그리 길고도 짧았나
바람 아니 불어도 작은 풀잎 흔들리고
매미 중 쓰르라미 그 시절 모은다

접은 부채

계절 앞에 어쩔 수 없는 것이
저 산자락 들녘뿐이겠는가

그렇게 무덥더니
며칠 새에 어떠한가

사람은 안 그런가
무엇 앞에 어쩔 수 없나

미련의 계절

잊어도 정 하나는
남겨야 했었는지
철 따라 피는 꽃에
가만히 얹어놓고

겨울날 눈 소복이
딛는 발로 남긴다

구름의 강

나는
네 강을 건넜지만
내 흘린 그림자를
어디로 데려가려는지

되돌아 올 수 없고
뒤돌아 볼 수 없는
이산 넘는 나의 길
너는 헤아리겠지

인연의 가을

두 번 없는 우리의 인연
다음이 있다면
다음에서도 만날 수 있나요
우리의 이 행복 꿈이 아니겠지요

바람 처럼 스칠 인연
다음이 있다면
그 때에도 잡아주겠지요
나뒹구는 낙엽 처럼 보고만 있지 않겠지요

나의 눈물이 당신의 것이고
당신의 눈물이 이 나의 것이었던 날
외로움의 그 운명의 다리
우리 둘만의 그 다리 영원하겠지요

가을 그리움

써놓은 이 편지
누구에게 보낼까
찾아도 없는 이름
기억에 매달리고
매달려도 보낼 곳 없어
옛날을 찾는다

옛날은 있을까
어느 옛날일까
보낼 곳 보다
부끄러움이 앞서고
그마저 없는 옛날
사연의 밤 외롭다

하얀 조개

부엌 문앞 돌담 지나
뒷산에 오르면
내려 보이는 섬마다
날마다 그 섬이고

들어오고 나가는 물
조개 묻힌 갯벌도
날마다 변함 없다
하얀 조개껍데기만

줄 무늬의 껍데기
어느 물 때에 밀렸는지
파도가 휩쓸어도
그 자리 안 떠난다

매미의 쌀독

보리 쌀독 긁는 소리
매미울음 언제 멎나
절기에 벼 이삭 하루가 다르고
수수밭 수수목
하늘 높이 올려본다

어머니가 바라보는
벼 이삭 수수목
가을 보릿고개의 먼 고개
고추 소쿠리에 담기나
마루 끝 막내놈 배고프다 보챈다

영원의 바다

멀리 바라볼수록 빼앗기는 마음
나 여기에서 무엇하고 있나
섬마다 이리저리 찾아보는 미련
뒤돌아 서자 하니 함께 있자 부른다

나 돌아서 가야 하나
마주보며 함께 할까
갈매기 맴도는 홀로의 바다
파도 소리 쓸쓸히 외로움만 남는다

계란 꾸러미

꼬끼요 수탉 날개 짓에
암닭 알짓는 소리
닭장 문 열대(열쇠) 어디 두었나
이리저리 찾는 할머니
저녁나절 바쁘다

내일 아침 일찍이 장에 가는 날
추린 짚 물 먹여 마루에 놓고
소쿠리에 모은 계란 똥 떼며 닦는다
말라 붙은 똥이 그리 잘 떼어질까
깨진 계란 양재기에 찌면 할아범 반찬 된다

이쁘게 꾸러미 엮는 할머니의 마음
실 없어 실 사고 휘고 부러졌으니 바늘 두어쌈 사고
식구 빨래에 양잿물 또 무엇 사야 하나
쌀됫박 머리에 이고 양쪽 손에 꾸러미 들고
살 것 많은 할머니 차려 입고 장에 간다

가을 인생

지나고 알고 보면 아무 것도 아닌데
그 욕심에 주워 담고 쓸어 담아 채우고
못 뿌리친 호기심에 어느 인생을 살아 왔나

처럼 앞세워 비교에 울고 웃고
귀에 담아 눈에 넣었으니 무엇을 바라볼까
버리고 흘려도 가슴에 남을 인생

모두는 속고 속는 세월의 것
앞을 보아도 뒤를 보아도
모두는 속아야 할 그 세월의 것

억새꽃 사랑

하늘 높이 흩어진
우리 아름다운 날
모으고 모으면
그날이 될까

미움에 보고 싶어
여기 이곳 찾은 나
억새꽃 쓸어 안고
나 무엇 찾고 있나

이 눈물이 마르면
알 수 있을까
모르는 줄 알면서
나 무엇 찾고 있나

등대의 밤

검푸른 밤바다
등대불 가물대고
파도는 안 보여도
그 소리 처량하다

달이 뜨면 보일까
어둠의 밤바다
가까이 하얀 한 겹
백사장 쓸어 안고

누구의 별이 될까
등대불이 모으는 밤
부서지는 밤 파도
어둠에 숨는다

노을의 바다

그림 되어 보는 노을
그린 것도 아닌데
바라보면 볼수록
모를 마음 빼앗긴다

이쪽으로는 이 마음
저곳은 그 마음
마음이 노을 될까
노을이 그날일까

빼앗긴 모를 마음
추스려 얹으니
떼지 못한 눈언저리
그날이 훔쳐준다

노을의 눈물

못 잊어 불러보면
노을이 가리고
떠올려 찾을까
그날이 숨긴다

싸늘한 그 한마디
그것이 아닌데
행복은 어이해
그 순간을 못 잡았나

우리의 만남이
인연이라 했던가
돌아선 그날은
무엇이었나

보고파 불러보는 이름
눈물을 보일까
미워진 그 안녕
추억에 잠든다

마음의 가을

길가의 이 꽃
나 어디로 가야 하나
딛어 옮기면 이 길도 아니고
돌아서 바라보니 걸어온 곳도 아니다

주고받는 혼잣말
어디로 가야 하나
방초한 잎 뜯어 물며 바라보는 길
허리춤 추스려 가는 구름 바라본다

가을꽃

여름꽃
가을꽃
함께 피는 길

이 냇둑
피는 꽃
계절이 있나

보는 이
마음은
가을이것만

곱게 핀
이 꽃은
계절이 없다

• 2부 •

메뚜기의 하늘

수수밭 하늘 높이
흰 구름 어디로 가나
수수잎 비벼지는 소리
더 높이 올려보면

새털구름 흩어져
흰 구름 위 더 높고
수수밭 저 멀리
참새 떼 날아든다

이곳으로 뛰어볼까
저곳으로 달려갈까
논길 따라 들어선 길
메뚜기 떼 먼저 날고

참새 떼 쫓는 소리
허수아비 외로운가
하늘 높이 새털구름
가을 하늘 수놓는다

말의 가을

들어선 가을 문턱
이제 가을인가
하루 이틀 그 짧은 시간
이슬 흠뻑 내려앉고
새벽녘 보는 별
더 영롱히 반짝인다

말 깨우러 가는 일터
우리 말 얼마나 더웠겠나
누워서 자는 놈
일어서서 자는 놈
훈련시간 알아채고
나의 눈치 살핀다

일어나라 어서 일어나자
가자 어서 가자
털 빗겨 재갈 물려 끌고 나오면
혼나는 싫은 훈련
채찍 무서워 따라오고
훈련장 가기 싫어 몸부림친다

가을 언덕

오르는 이 언덕 무엇이 보일까
휘감은 칡 넝쿨 하늘 높이 오르고
저 먼 들녘 황금 벌판
참새 떼 날아든다

가까이는 알겠는데
멀리 저것도 허수아비일까
가물가물 눈에서 점점 더 멀어지고
하늘 높이 새털구름 바람 불어 시원하다

처음인 것 처럼 오른 언덕
수수밭 길 높은 하늘
쓸쓸한 여기 이 억새꽃
누구를 기다리나

시간의 노을

빼앗긴 이 마음 어떻게 할까
찾아도 찾는 것이 무엇인지 알 수 없고
잃어버린 것 또한 욕심의 것만 아니다
무엇하다 여기까지 왔나
잃어버린 날 뒤져보는 지워진 그림
얇은 귀에 가야 할 길 개미의 길 같다
그저 하루해에 보낸 시간이 오늘이었나
그럼 내일은 어느 시간이 실릴까
저무는 오늘 두 손이 이끌고
그 저문 시간 마음이 덮는다

가을 흐림

비라도 내리면 이 마음 적실 것을
이러다 비 오면 옷만 젖을까
찌프린 가을 하늘 바람 한 점 없고
마음 쓸쓸히 찾아 갈 곳 없다

아직 늦 매미 가을을 모르는지
뭐 아쉬워 저리 울음 흐리나
가랑비 내리면 적시고 싶은 마음
이리 저리 두리번 국밥집 찾는다

구름의 시간

가을 하늘 높이
머무는 옛 시간
누구의 이름이
저 하늘에 떠오를까

이름이 떠오르면
모습이 희미하고
그 모습 뚜렷이
이름이 흐려진다

다 잃어버린
떠나간 옛 시간
모습에 이름 아닌
그날도 함께 한다

옛사랑

지난 시간 모두가 상처뿐인 것을
우리 사랑 그날 그리 아름다웠는지
찾아간 곳 다녔던 곳마다
아름답지 않은 것이 있었을까

쏟아진 별 주워 담아 더 주고 싶었고
찾은 바다 백사장 그 모래밭
커다란히 그 두 글자 지워지지 않았을까
소라 조개껍데기 노을에 젖는다

징검다리의 가을

담근 발 차갑고
씻은 손 시원하다
구름 하늘 높이
더운 여름이 언제였나

새털구름 흩어져
개울 건너 그림 되고
건너는 징검다리
수초꽃 바라본다

엊그제 여름날
물에 묻힌 징검다리
이제 따가운 볕
며칠이 될까

맴도는 잠자리
고개 숙인 억새잎
가을 바람 살짝이
징검다리 건너간다

가을 달

떠돌이의 가을인가
보름달 높이
다리 위에 떠오르면
달 안의 고향 땅
늙은 세월 바라본다

이 늙은 세월
마음은 어이해 늙지 않는지
달맞이 동무들 술래잡기 하고
수수밭 멀리 날아가는 참새 떼
부엌의 어머니 솥뚜껑 여닫는다

운명의 꽃

누구의 길이
그 운명의 꽃이라 했나

동심

깊어가는 가을밤
수수밭 위 뜨는 달

달맞이 아이들
뒷동산에 모여 있고

비추는 보름달
아이들 바라본다

낙엽의 길

두고 온 운명 다시 찾아 가야 하나
들어선 산 꼭데기 구름 산 넘고
들리는 산새 소리 돌아보지마라한다
운명이라 하기에 너무 가엾은 인생
흔들리는 마음 풀잎새에 들어 있고
돌아서지 못하는 길 숙명에 들어있다

가을 찻잔

앉은자리 찻잔 식어가던 날
안 오는 줄 알면서 무엇을 기다렸나
그 목소리 같아 돌아보면 아니고
설레임에 일어나면 얼굴이 아니다

시계에 감기는 기다림의 시간
초초한 이 모습 얼마나 기다릴까
지울 수 없는 그날 나 울고 있나요
찻잔에 어린 모습 지워달라 한다

알암의 슬픔

오늘은 반 공일(토요일)
학교 갔다 오는 길
알암 맡아놓고
그 밤나무 찾으려니
심부름 시킨다

가기 싫은 참 심부름
아랫마을 양조장
언제 다녀 오나
주전자 돌리며
양조장 가는 길

무서운 아부지(아버지)빨리 뛰어야지
참 늦었다 야단 할까
한 걸음에 뛰는 길
뛰어 오다 넘어져
반쯤 쏟아뜨렸으니

근심 걱정 어떻게 하나
눈물에 찾는 밤나무

근심 걱정 주머니 가득
어머니가 부를 때까지
저 넘는 해 바라본다

석양의 노을

뜨는 해에 걸친 구름
관심 없이 지난는데
지는 해에 그 구름
저리 아름다울까

사람의 마음인가
구름의 속임인가
석양에 긴 그림자
노을진 하루

그 노을 그림 위
오늘 하루 없어진다

메뚜기의 구름

딛는 발 한 걸음 더
어느 곳을 딛을까
보이는 하늘 새털구름
더 높이 흩어지고

그 추억의 고향 들녘
한 눈에 펼쳐진다
어릴 적 메뚜기 따라
논길로 뛰었던 곳

수수밭 지날 적에
수수 휘어 깜부기 따먹고
꾸러미의 메뚜기 오늘 볶을까
동무들 나뉘어 집으로 뛰어갔다

수수밭

기억의 가을 즐거웠었는데
지금은 쓸쓸히 그리움만 남는지
먹을 것 많고 주울 것 많은 가을
방안의 등잔불이 보름달만이나 할까
마당 뜰 동산에 보름달 떠오르면
동무들 모여 달 구경 하고
뒷문 밖 울 뒤 알암 떨어지는 소리
앞 텃밭 수수밭에 바람 들어오면
달빛에 수수잎 밤새워 노래 했지

가을 사랑

그리워 보는 하늘
누구의 모습일까
잊을 수 있었는데
그 모습 떠오르고

떠올라 그려보면
모습 아닌 미련이다
모두가 흐려진 날
보낸 것도 아닌데

미련은 그렇게
그날들을 속여야 했나
붉어진 눈시울
모자랐던 사랑

이제 그날을 접어야 하는 것인지
눈시울에 맺힌 이슬
허공에 뿌리고
나 그날 다시 찾아가련다

고향 하늘

돌아보는 그 시절
고향 그리워라
냇둑 길 개울 따라
오르내리노라면

그 꽃송이 어느 것 하나
눈안에 안 들어올까
초가지붕 둥근 박
하늘 높이 새털구름

가을이면 길가에
코스모스 한들대고
수수밭 논 참새 떼
외로운 허수아비

단풍 곱게 물들어
단풍잎 모으면
메아리에 탈곡기 소리
고향 그리워라

기억의 땅

떠돌이의 타향살이
고향이 몇 곳인가
허기에 찾은 집
외면하고 문 닫는다

갈 곳 없이 떠도는 몸
어느 집에 묵어갈까
비구름 걷혔어도
가을비에 젖는 몸

저 산등성이 넘어야 하나
다리 움막 찾아갈까
수수밭 지나 하루해 저무는 길
보이는 산등성이 노을 저 간다

• 3부 •

노을의 섬

파도에 휩쓸린
어머니의 세월
그 세월의 굴 껍데기
마당 끝 저 것인가

어머니 따라
다녔던 섬
그 작은 섬은
어머니의 섬이었고

마중 나간 이 모래뭍
이곳은 아가 놀던
무너진 모래성의
아가 섬이었다

파도의 가을

우리 지난 가을
여기였나 봐
마지막으로
그 여름도 들어 있고

나 여기에와 찾는 것이
우리 그날뿐일까
모두 지워졌어
파도가 지웠나 봐

아무 것도 없어
둘러보고 찾아도
아무 것도 없어
이제 그날도 지워지는 거야

추운 눈물

이 간이역 기적 소리
언제 끊어질까
끊어질 듯 더 멀리
가느러져만 가고
기다림에 찬 바람
그 기적 끊는다

미련의 계절

이 가을 살짝이
미움은 그렇게
숨어 오는 것인지
침묵 속에 그려보는
그 얼굴이 있었으니

우리 사랑 쭉쟁이어도
아름다운 날이 있었고
미워도 소중했던
그 행복 그 약속 그리고
먼 훗날에 꿈도 있었다

색동 인연

아가야
치마는 어느 색이 좋을까
신발은 빨강색
댕기꼬리에 노란색이 좋겠지

아가야
내일 모레 추석 돌아오면
누구네 집 가니
네 자랑 하고 싶은 집이 있을까

아가야
네 예쁜 저고리 자랑하렴
넘어지면 안돼
엄마가 주는 송편도 전해주고

먼 가을

누구의 먼 기억이
아련히 떠오를까
하늘 그대로 새털구름 수놓고
잃어버린 황금 들녘 눈 안에 펼쳐진다

부족했던 그 시절
추수는 아직 멀고
그 들녘에 그냥 배불렀었는데
점심 끼니 담 넘어 감 연시로 때우던 날

보릿고개였어도
지례 먹이 있었고
산과 들에 먹을 것 많았던 가을
추억도 상처도 아무릴 그때가 그립다

가을 낭만

저 들어오는 흰 구름
흩어지면 좋으련만
그러면 새털구름으로
더 높이 예쁠 것인데

수수밭 길 참새 떼
논 가운데 허수아비
참새 떼 쫓는 저 소리
뉘 할머니의 목소리인가

맨드라미 뜨락
지붕 그림자 드리우고
초가지붕 둥근 박
보름달 기다린다

코스모스의 고향

고향의 가을인가
아련한 고향 생각 코스모스 길
그 어릴 적 다녔던 곳마다
없던 곳이 어디에 있겠나
행길가 냇둑 길 학교 가는 길

그때는 그저 피었나보다
한 송이 따 잎 떼어 팔랑개비 만들고
둘러멘 책 보자기 걸어 올린 다음
다시 한 송이 따 빙그르르 돌리면
그렇게 빙글빙글 잘도 돌았는지

장난감 꽃 팔랑개비 건다 또 따던 길
이제 먼 그리움에 고향의 가을인가
그 예쁜 꽃 바람에 한들한들거리던 날
하늘 높이 새털구름 그 참새 떼
메뚜기 벼 잎새에 살짝 돌아 숨었었지

얼굴

주름 잡힌 그 세월
거울 앞 이 모습이
나의 모습이었나
모습은 그런대로
옷으로 가리는데
주름의 이 얼굴
무엇으로 가리나

숨죽이며 보는 거울
이 한숨에 묻어나는
지난날의 흔적인가
돌아보면 아닌데
거울은 왜 그럴까
되돌아보는 세월
조용히 그 시절 품에 안긴다

가을 인생

인생
이 가을 나 걸어온 길을
되돌아 보았는지요
기억에 있다면 무엇이던가요

그 기억에 남은 것도
실오라기에 걸려 희미하지 않던가요
어느 것은 뚜렸이 가까이 있겠지요
그것도 끝내는 시간이 멀리 보낼 것이고요

이것도 저것도
묻어 두고 묻어온 세월
찾는 이가 누구이고 떠오르는 이가 찾던가요
헌 옷에 헌 마음이니 그러지 않겠지요

새옷 입혀주고 그 마음 씻어 줄 사람
그런 고마울 사람을 찾아 보셨는지요
그 사람이 바로 나와 나 자신이 아니던가요
시들고 물들고 며칠의 이 가을꽃이 며칠이 될까요

먼산 바라보며 조용히 되돌아보는 인생
열매에 씨앗 매달린 그것이 무슨 의미일까요
찬 바람에 움추러들고 단풍에 젖는 마음
떨어지는 낙엽에 무엇이 실리던가요

버리지 못하고 모아본 시간들
나 여기에 나는 누구일까
버리고 감춰도 떠오르는 세월
이 가을 억새밭 찾아 조용히 내려놓지 않겠는지요

억새꽃

기다림의 강 언덕
불어오는 이 강바람
언제 멎을까

흐르는 이 강물
누구의 강이 될까
저 앉는 철새 언제 떠나는지

단풍길

뒷동산 낮으막히
돌아가는 길
큰 길은 아니어도
옛 다니던 길 새롭고
단풍의 나뭇잎
가을 깊어간다

나무마다 울긋불긋
이것이 단풍이라 했나
주워든 노란 잎
눈 앞에 빨강 잎
무늬에 벌레 갉은 자리
그 시간을 말해준다

가을 계곡

시들고 물들고
나뭇잎마다
성한 곳이 어디 있겠나
한여름 물의 흔적도
그렇게 드러났는데

매달린 씨앗은
안 그렇겠나
씨앗으로 읽는 시간
얼마나 고생 했나
모두는 그렇게 왔다 가는 것

가을 여행

설레임의 차창 밖
옛날에 저런 곳에서
저렇게 살았것만
안 살아본 것 처럼
모두가 새롭고
스쳐가는 들녘에
보이는 산자락
그마저 저리 그림 같을까

먼 들녘에 논과 밭
곱게 물든 뒷동산의 단풍
낭만이라 하기보다
나름대로 힘들 것인데
넋놓고 바라보는
간추려진 그 시절
부족함에 솥뚜껑 여닫는 소리
어머니 생각에 눈시울이 뜨겁다

운명의 갯벌

누구의 운명이 어느 사람과 같을까
나름대로의 생이 그렇고 그렇기에
내보이지 못하고 가슴에 묻어온 이 운명이 아닌가
누가 알고 있을까 늘 불안 했던 인생
무엇으로도 감춰야 했던 삶이였기에
눈 감는 날까지 가지고 와야 했던 것이 아닌가
속이는 것이 아니라 감춰야 했던 운명
이제 부끄러움도 이 눈감어야 하는 마지막 운명 앞에
무덤까지 가지고 가기가 너무 힘들었어
그러기에 마지막으로 털어놓는 것이 아닌가
조카 한 사람이라도 이 마지막 운명을 쓰다듬어 달라고
조카야 나는 너의 아버지 동생이 아니란다
3 살때 누가 나를 갯벌에 버려 울고 있을 때
할아버지가 울고 있는 나를 업고와 키워 주었지
이 갯벌에 무엇을 잡으러 왔었는지
들어오는 밀물에 발견하여 데려와 키워 주었어
집안 식구 어른 몇 아무도 모를 일 늘 불안 했었지
호적에도 올려 주고 친딸 처럼 예쁘게 키워 주었어
그리고 이웃 동네로 시집 보내 주었고
시집으로 보낸 집이 술 주정뱅이인 줄 누가 알았겠니

그러던 어느 날 친정인 너의 집에 왔다 가는데
그때 날이 저물었었지 저문 날 산등성이 넘어가다
이 몸을 모르는 사람에게 빼앗겼단다 그 남자는 낫을 들었고
더럽혀진 이 몸 그것도 그렇지만
더 숨겨야 할 아이가 생겼지 그 아이가 바로
죽은 너의 고종사촌 그 형이었어 이 죄를 어떻게 다 말할까
고모부는 아이가 생겨났다 좋아 했고
술 주정 그 정신에도 아이 낳았다 좋아 했던 고모부
그 아이가 고모부 아이였나 다른 사람 아이였지
그 무렵 고모부는 술에 취에 들어오는 행길가 봇도랑에 빠져 죽고
다른 사람의 씨를 모르는 너의 고종 형도 주독에 걸려 그때 그렇게 갔어
짝지어온 며느리도 양잿물로 갔고 중간에 생겨난
아이도 내가 빈 젖 물려 키우다 폐렴으로 그냥 눈 감았지
이제 아무도 없는 이 늙은 몸 혼자 어떻게 살겠니
그래서 너의 골방으로 왔지 골방이면 어떠냐
어디 길 바닥에 내 앉는 것 보다 낳지
너의 스모 눈치보여도 어떻게 할 수가 없었어

추워도 더워도 마음이 편안 하니 괜찮구나
뭐 이런 몹쓸 팔자가 다 있다더냐
나도 며칠 못 갈것 같구나 암이라 하니 며칠 가겠니
조카야 이제 모두 털어놓으니 마음 편고 후련하구나
못 씻을 죄 알 수 없는 것이 팔자 운명이라 하더니
나를 두고 한말이 아닌가 싶구나
갯벌 갯것에 굴 따가지고 오던 길 그때 그 해당화꽃이
오늘 따라 더욱더 예쁘기만하구나 바람도 옛날처럼 부는 것 같고
조카야 그동안 고맙고 뭐 부탁 하나 해도 되겠니 그렇게 해줘
나 죽거든 할아버지 산소 밑 양지 바른 곳에 묻어주렴
조카야 ~ 조카야 ~

가을 고독

높고 푸른 저 하늘
빼앗긴 이 마음
다시 찾을 수 있을까

구름 띠에 새털구름
겹겹이 비늘구름
찾는 것 없이 찾는 마음

나 무엇 찾아
어디로 가고 있나
딛는 발 걷는 길

홀로 외롭고
코스모스 가냘피
바람에 눕는다

인연의 가을

모두가 가버린 날
그 겨울 눈밭 위에
발자국도 남겼고
꽃 피는 봄날이면
꽃잎에도 숨겼었다

얼마 전 여름날
우리 찾은 바닷가
먼 훗날까지 짚어보던
우리 아름다운 날이 아니었나

다 흘러간 그 옛날
이제 더 무엇을 찾을까
둘만의 우리 사랑 남아 있을까
이 가을 그날 찾아
억새꽃 언덕에 오른다

벼 이삭의 양지

차가운 이 바람
언제 멎을까
바람 안고 줍는 이삭
소쿠리 채우기에 아직 멀고
넘는 해 바라보면
하루가 모자란다

딛어 옮기면
진흙에 빠지는 발
얼마쯤 더 주워야
이 소쿠리 채울까
허기에 저무는 해
절구 방아 기다린다

송편의 추억

송편 빚는 오늘 내일은 추석
함지 앞에 모인 식구
누구의 송편이 제일 예쁠까
할머니 잔소리에 나누어진 떡 반죽인가

갓 얇은 할머니의 솜씨
투박한 엄마의 실력
뭉둑한 아버지 만들다 쫓겨나고
모양새 없는 동생의 송편
흉내 내는 언니의 꾀 솜씨
칭찬 가득 새언니 봐주기의 그 솜씨

송편 속에는 무엇이 들어 갈까
밤 동부 햇콩 팥고물
그리고 량 적은 깨소금이 아니었나
할머니 몫의 량 적은 깨소금 송편
할머니의 송편 누가 먹을까

식구들이 먹는 옆구리 터진 송편
터지지 않은 것은 손님부터 드렸고

그 터지지 않은 송편 깨소금 속 고르는 법
눈치 빠른 여우 언니 갓 얇은 송편만 집는다

문간 편지

문간 대문 거미줄에 무엇이 걸쳐질까
기울어 벌어진 틈 바람 드나들고
바람 한 차례에 구르는 낙엽 시간 모아 쌓인다

기우는 해 저녁 바람은 언제나 쓸쓸한 것인가
무엇이 기다려지는지 기다려지는 마음
문틈에 편지 아닌 바램 부고장 꽂혀 있다

누구의 소식이라도 꽂혔으면 좋으련만
도외지(도시)로 간 아이들 잘하고 잘 있는지
저녁 문간 소식 아닌 바람만 드나든다

• 4부 •

억새꽃 여정

이 강언덕 억새꽃
여기에 다시 올 수 있다면
찾지 마세요

바람이 불어도
그 바람에 누워도 여기 이곳
찾지 마세요

강바람 멎는 날
구름이 가리는 이 강언덕
찾지 마세요

이웃의 가을

네것 내것
무엇을 따지나
모자라는 일손에
품앗이로 서로 돕고

시루떡 넉넉히
서로 돌려 나누니
부족한 집 더 고맙게
그 고마움에 흐뭇하지 않았나

추수 끝나 방아 찧으면
장래쌀 갚고 주고
갚은 집 모자라면
다시 빌려 주었고

가을 걷이 끝난 들녘
벼 이삭 줍는 아이
너희 이리 오너라
점심 먹여 보내는 뒷모습

큰일 작은 일에
넉넉했어도
어느 한 곳 부족해
그 부족함 서로 도왔고

쪽방촌 반달

추석이 아니어도
추석이어도
쪽방촌 달 안에 고향이 들어 있다
옛날 같은 엊그제
저 달 안의 그리움인가
가을이면 더 생각 나는
그 시절이 떠오른다

꿰맨 옷 입고 뛰던 동무들의 그 모습
바보 머슴 아저씨에 이웃 어른들
이 가을 모두 뚜렷이 떠오른다
뒷동산 알암 줍기
이웃 울 뒤 감나무 꼭데기에
연시 올려 보며 탐내기
떨어져 깨진 연시 그렇게 발라 먹고

콩밭 수수밭은 그냥 지나 갔나
감춰온 그 성냥 누구 주머니에 들었나
봇도랑 지날적에 피어 오른 매운 연기
그 연기 부쳐가며 서로 감추었던 날

이 쪽방촌 추억이 그 추억만이나 할까
아련히 떠오르는 고향의 그 시절
서울의 달 그리움 고향 찾아 가자 한다

가을 그림

높고 푸른 하늘에는
구름 그림이 있는데
그 들녘 먼 곳에는
무엇이 있었을까

냇가 양지의 수초꽃
뒷동산 길 들국화
마을 큰길 코스모스
초가지붕 둥근 박

초가 뜨락 맨드라미
그 빨간 주걱 어찌 잊을까
다 못 그린 고향 가을
앞산 자락 물들인다

경마공원

말
일터의 경마공원
단풍으로 물들이고
말 뛰는 모래밭 위
흰 구름 산 넘는다

탑 두른 담쟁이
꽃밭 가득 가을꽃
말 황금 동상
석양빛 물들이나
마굿간 양지 하루가 저문다

시월 구일

그 등잔불
우리의 글

전깃불 밑
서양 글에

우리의 글
죽어 간다

등잔불 밑
마주 보던

그 이야기
우리의 말

시월 구일
한글의 날

뿌리 찾아
헤메 돈다

약속의 가을

찾은 이 억새밭은
약속을 지켰는데
우리 그날 피운 꽃은
어디에서 피우는지

쓸어 안은 억새꽃
바람불어 춥다 하고
춥다 하는 강바람
멎을 줄 모른다

내일이면 멎어질까
뒤 돌아보는 언덕
그 아름다운 날의 꽃
이 강바람에 실린다

비 오는 길

가랑비에 펴든 우산
바람에 접히고
다시 펴 들자 하니
찌그러져 옷 젖는다

이대로 맞을까
골목 집을 찾을가
바라보면 아직 먼 길
추운 몸 오그라들고

돌아설 수 없는 길
그 마음 적신다

맘마의 가을

한 줌 쥔 벼 이삭
잘도 영글었네
아가의 맘마는
젓가락으로 훑었고
큰 아이들 쌀밥은
그네로 훑었다

칭얼대는 우리 아가
어디 가자 하나
배고파 그러나
아파서 그러나
등에 업힌 우리 아가
부엌문 가리킨다

단풍

먼 산 울긋불긋
가까이 노랑 빨강
가을은 언제나
아름다운 것인가

첫 서리 내릴 무렵
고구마 이삭 줍던 날
개울 건너 그 단풍이
더 예뻤었는데

빨간 잎 섞인 진달래
노란잎의 싸리나무
모르는 나무의 더 큰 단풍
어려 모으던 그 단풍 다시 모은다

중년의 가을

뜨겁던 양지 따뜻해지고
흐르는 구름 마음의 그림 된다
흰 구름의 저 산 단풍이 아름답기만 할까
청춘 잃고 보는 눈과 무엇이 다른가
기우는 하루 해에 식어 가는 양지 처럼
이리 곱게 물들었어도 누가 관심 갖겠나
실개천 봄버들이 가을을 아는가
꿈 같은 인생 그 세월에 속은 시간
이 가을 쓸쓸히 하루가 저문다

가을 계곡

물 마른 가을 계곡
그래도 고인 물에 단풍잎 떠 있고
나무 위 다람쥐 이리 저리 내려본다
흐르는 물이라면 물소리를 들을 것인데
새소리에 귀 기우려 하늘 높이 올려보니
숲 사이 그림의 구름 다른 모습으로 바뀐다

서늘히 추운 계곡
다람쥐는 무엇을 얼마나 모았을까
저무는 가을 단풍잎 더 곱고
억새꽃 누울 듯 하루가 저문다
모은 것 빼앗길까 다람쥐 문 닫으면
이 계곡 덮은 눈 노루 불러 모으겠지

가을 그림자

저 앞산 넘으면
나의 고향이었고
이산 마루턱은
내 삶의 쉼터였다

그 추운 겨울
어떻게 다 말을 할까
아지랑이 봄이 오면
진달래꽃 꺾던 곳

여름날 윗옷 벗고
내려 보던 이 산마루
단풍 곱게 물들어도
겨울이 걱정됐다

가을 이름

가을 하늘 아래
스쳐 가는 이름들
그 그리움의 이름
허공에 떠 있나
못 잊을 이름
억새밭에 숨어 있다

그리워 찾는 이름
못 잊어 부르는 이름
가을이면 찾아드는
억새밭의 기다림인가
바람에 눕는 억새
다음을 기약 한다

세상살이

바뀌는 세상
좁아지는 삶

좁아진 세상
바뀌는 삶

먹는물도 사 먹어야 하고
보고 듣는 것도 돈 내야 하는 세상

가까울 줄 알았던 정
까마득히 멀어지고

그 인심 어디 갔나
이웃을 모른다

낙엽길

바람이 털어
떨어지는 낙엽들
밟히고 차이고
얼마쯤 걸어 왔나

그렇게 놓아야 하는
시간의 법칙인가
놓을 수밖에 없는
계절의 약속인가

병들어 멍든 무늬
벌레에 갉힌 자국
이 모두 바람이
한 곳으로 모은다

단풍의 꿈

단풍 곱게 물들어
가을 깊어 가는데
벼 이삭 줍던 내 친구
어디에 있는지

함께 줍던 벼 이삭
어디에 많았었지
나 보다 너의 눈이
더 밝았었나

이제 다 잊자 친구야
벼 이삭에서 많이 배웠잖아
부족함도 넉넉함도
저녁 바람에서 배웠고

그 논 앞산 단풍이
그렇게 곱게 물들었었는데
너는 그 단풍을 기억 하는지
기억에 없는 나 저녁 바람만 생각나

억새꽃의 양지

골짜기 밭 언저리
억새꽃 피는 고향
많지는 않아도
이맘때면 피었었지

하늘 높이 새털구름
그렇게 수놓았고
널어놓은 밭둑의 콩
엮어 매단 수수목

다랑이 논 참새의 들
저 많은 벼 언제 베나
억새꽃 둑 언저리
저녁 바람 들어온다

억새꽃 그리움

억새꽃에 그린 모습
그리워 하며
아름답던 지난 날
다시 떠올린다
단풍잎에 새겨진
잃어버린 허공
벌레의 시간 빼앗아
다시 메워 넣는다

부지깽이의 밤

낙엽 우수수 찬바람 불어오고
해질녘부엌 연기 눈 안으로 들어온다
주워온 고구마 이삭 얼마나 익었을까
아궁이 앞 집힌 불에 앞지락 따뜻하다

김에 설여 울리는 작은 솥뚜껑
살짝 열어 젓가락으로 찌르니
조금 덜 익어 기다려야 한다
타드는 부지깽이 더 태우면 익을까

저녁 대신 먹어야 하는 이삭 고구마다
울며 싫다 하는 동생을 어떻게 달랠까
어른이 아니어도 짊어지고 가야 하는 짐
밤바람 낙엽 굴리며 인생을 가르친다